ANALIZA KSIĄŻKI

AF142103

Pani Dalloway

• • • • • • • • • • • • • • • • • •

Virginia Woolf

ANALIZA KSIĄŻKI

Napisany przez Mélanie Kuta
Przetłumaczony przez Kâmil Kowalski

Pani Dalloway

VIRGINIA WOOLF

VIRGINIA WOOLF

ANGIELSKA PISARKA I FEMINISTKA

- **Urodzona w Londynie w 1882 r.**
- **Zmarła w Sussex w 1941 r.**
- **Godne uwagi prace:**
  - *Noc i dzień* (1919), powieść
  - *Do latarni morskiej* (1927), powieść
  - *Fale* (1931), powieść

Angielska pisarka urodzona w 1882 roku w Londynie, Virginia Woolf była autorką wielu esejów, opowiadań i powieści. Napisała między innymi *Do latarni morskiej* (1927), *Orlando* (1928) i *A Room of One's Own* (1929). Prawdziwy filar literatury modernistycznej i definiująca postać międzywojennej literatury angielskiej, w swoich utworach starała się przedstawić brutalną i niespójną rzeczywistość Anglii swoich czasów.

Wraz z mężem Leonardem założyła w 1917 roku Hogarth Press, wydawnictwo, które publikowało dzieła Virginii, a także Zygmunta Freuda, Katherine Mansfield i T.S. Eliota. Cierpiąca na chorobę dwubiegunową Virginia po śmierci matki popadła w obłęd i w 1941 roku popełniła samobójstwo, topiąc się.

PANI DALLOWAY

PRAWDZIWY PORTRET LONDYŃSKIEJ METROPOLII

- **Gatunek:** powieść

- **Wydanie referencyjne:** Woolf, V. (2014) *Mrs Dalloway*. Sydney: Waxkeep Publishing. (Kindle Edition).

- **Pierwsze wydanie:** 1925

- **Tematy: dwudziestolecie** międzywojenne, Londyn, śmierć, miłość, szaleństwo, nostalgia

Wydana w 1925 roku *Pani Dalloway* spotkała się z uznaniem czytelników i krytyków, którzy uznali, że dzięki tej powieści Virginia Woolf odnalazła swój prawdziwy styl.

Akcja powieści toczy się w Londynie w okresie międzywojennym i rozgrywa się w ciągu jednego dnia. Miasto Londyn jest równie ważne w powieści, jak liczne postacie, które po nim chodzą. Przenikają się dwie linie fabularne: Klarysy Dalloway, mieszczańskiej gospodyni domowej, oraz Septimusa Warrena Smitha, weterana z I wojny światowej.

PODSUMOWANIE

Powieść nie jest podzielona na rozdziały. Jednak w niniejszej analizie podzielimy ją na dwanaście części, aby łatwiej było ją streścić.

KWIATY (S. 17-29)

W czerwcową środę 1923 roku Klarysa Dalloway idzie kupić kwiaty w centrum Londynu na przyjęcie, które urządza w swoim domu tego samego wieczoru. Miasto jest bardzo ruchliwe i Klarysa czuje się szczęśliwa, że żyje; przeszłość i teraźniejszość mieszają się. Klarysa wspomina lato, kiedy miała 18 lat, które spędziła w Bourton, w Gloucestershire, i jej przyjaciela Piotra Walsha, który się jej oświadczył. Odmówiła i do dziś żywo odczuwa krytykę Piotra wobec jej mieszczańskiego stylu życia. Spotyka swojego starego przyjaciela, Hugha Whitbreada, i rozmawia z nim o stanie zdrowia jego żony Evelyn. Klarysa myśli o swoim stanie, wyglądzie i o tym, jak postrzegają ją inni ludzie. Myśli też o swojej córce, która ma dziwne relacje z panną Kilman, swoją nauczycielką historii, która jest kimś, kogo Klarysa nie lubi.

SEPTIMUS (S. 29-45)

Tymczasem Septimus Warren Smith, weteran I wojny światowej (1914-1918), który cierpi na zaburzenia pourazowe, spaceruje po St. Regent's Park ze swoją żoną Rezią. Rezia wstydzi się Septimusa, który zagroził popełnieniem samobójstwa.

Próbuje zrozumieć męża, który rozmawia ze swoim przyjacielem Evansem, mimo że ten nie żyje. Rezia odchodzi, czuje się samotna i smutna. Jest też zła, bo według doktora Holmesa Septimus nie jest naprawdę chory.

W DOMU (S. 45-57)

Klarysa wraca do domu i jest zdenerwowana słysząc, że Ryszard, jej mąż, je lunch z Lady Burton i że nie została zaproszona. Idzie do swojego pokoju, aby się odświeżyć. Myśli o nieuchronności śmierci i swoim seksualnym pociągu do kobiet, a konkretnie do przyjaciółki z dzieciństwa Sally Seton. Klarysa znów przypomina sobie tamto lato w Bourton oraz ekscentryczne i buntownicze zachowanie Sally, z którą dzieliła pocałunek. W domu wszyscy zajęci są przygotowaniami do przyjęcia.

WIZYTA PIOTRA (S. 57-65)

Dzwoni dzwonek do drzwi i pojawia się Piotr Walsh, który wrócił z Indii. Jest w mieście, aby załatwić rozwód Daisy, swojej narzeczonej. Rozmawia z Klarysą i odrzuca jej styl życia jako daremny. Wspominają dawne dzieje i Piotr wybucha płaczem. Podczas gdy Klarysa całuje go, by go pocieszyć, do pokoju wchodzi Elżbieta. Piotr wychodzi, ale Klarysa dogania go i zaprasza na przyjęcie.

ST. REGENT'S PARK (S. 65-103)

Piotr robi sobie wyrzuty z powodu słabości przed Klarysą. Obserwuje Londyn, siedząc w St. Regent's Park. Przypomina sobie tamto lato w Bourton i wieczór, w którym oświadczył się Klarysie. Myśli o Sally Seton, Hughu Whitbreadzie, którego nienawidzi, i Ryszardzie Dalloway, którego uważa za nudnego. Ciągle przypomina mu się rozmowa z Klarysą i próbuje przekonać samego siebie, że nie jest już w niej zakochany.

LEKARZE (S. 103-122)

Septimus i Rezia wracają do domu. Dowiadujemy się, że przed wojną Septimus był poetą. Rezia dzwoni do doktora Holmesa, bo martwi się o męża. Holmes uważa, że Septimusowi nic nie dolega i powinien znaleźć sobie jakieś hobby. Doktor przychodzi kilka razy; Septimus widzi w nim ucieleśnienie ludzkiej natury, która skazuje go na śmierć, bo jest niezdolny do jakichkolwiek uczuć. Holmes radzi skonsultować się ze specjalistą, sir Williamem Bradshawem. Rezia i Septimus idą do biura Bradshawa i Sir William daje swoją diagnozę: Septimus cierpi na ciężką depresję i powinien udać się na wypoczynek do szpitala, aby "odpocząć, odpocząć, odpocząć".

LADY BRUTON (S. 122-135)

Lady Bruton przyjmuje Ryszarda Dallowaya i Hugha Whitbreada na wykwintnym lunchu. Rozmawiają o Klarysie i Piotrze. Ryszard postanawia wyznać żonie miłość po powrocie do domu. Lady Bruton zaprosiła obu mężczyzn, ponieważ potrzebuje pomocy w napisaniu listu do The Times na temat imigracji angielskich rodzin do Kanady. Jest zachwycona listem napisanym przez Hugha.

RYSZARD I KLARYSA (S. 135-143)

Ryszard kupuje kwiaty dla żony i wraca do domu. Nie udaje mu się powiedzieć Klarysie, że ją kocha i zostawia ją, by odpoczęła.

ELŻBIETA (S. 143-160)

Elżbieta wchodzi do pokoju Klarysy, aby poinformować ją, że wychodzi na zakupy. Doris Kilman, która została pod drzwiami, myśli o swoim nieszczęśliwym stanie. Zarówno zazdrości, jak i nienawidzi pani Dalloway. Klarysa wierzy, że panna Kilman ukradła jej córkę. W sklepie panna Kilman i Elżbieta rozmawiają przy herbacie. Doris spędza czas na narzekaniu, co skłania Elżbietę do wyjścia. Wraca autobusem do domu i myśli o swojej przyszłości.

SAMOBÓJSTWO (S. 160-172)

W swoim mieszkaniu Rezia i Septimus rozmawiają o kapeluszu, który robi Rezia. Po raz pierwszy od dłuższego czasu rozmawiają i śmieją się razem. Septimus czuje się dobrze i zasypia. Kiedy się budzi, jest przerażony przybyciem doktora Holmesa i postanawia popełnić samobójstwo, rzucając się przez okno. Doktor Holmes nazywa go tchórzem i podaje przesłodzony napój Rezii, która zasypia.

W HOTELU (S. 172-187)

Piotr obserwuje karetkę, która przyjeżdża po Septimusa. Udaje się do swojego hotelu, cały czas myśląc o Klarysie.

Tam otrzymuje list od Klarysy, w którym pisze, że "Jak nie-biańsko było go zobaczyć". Postanawia pójść na przyjęcie do Klarysy.

PRZYJĘCIE (S. 187-218)

Goście masowo przybywają na przyjęcie. Klarysa wita każ-dego z nich osobiście. Przybywa Piotr i krytykuje jej brak szczerości. Niespodziewanie zjawia się Sally Seton, obecnie lady Rosseter. Klarysa jest zachwycona jej widokiem. Znów miesza się czas teraźniejszy i wspomnienia z przeszłości. Przyjęcie jest ogromnym sukcesem. Klarysa dowiaduje się o samobójstwie Septimusa od Lady Bradshaw. Przez chwilę trzyma się z dala od innych ludzi, by pomyśleć o śmierci, potem znów miesza się z gośćmi. W momencie, gdy wchodzi do pokoju, Piotrem wstrząsa przerażenie i zachwyt.

STUDIUM POSTACI

KLARYSA DALLOWAY

Główna bohaterka powieści, Klarysa Dalloway jest 52-letnią gospodynią domową należącą do wysokich sfer i jest żoną Ryszarda Dallowaya. Niedawno została wyleczona z długiej choroby. Czytelnik śledzi ją, gdy zajmuje się ostatnimi przygotowaniami do przyjęcia, które organizuje tego wieczoru. Choć jej styl życia jest raczej powierzchowny, to jest to kobieta hojna, która dba o tych, którzy ją otaczają i szczerze się nimi interesuje. Dużo myśli o sensie życia i śmierci, a także martwi się o to, jak postrzega ją reszta świata. Trudno jej znaleźć swoje miejsce w społeczeństwie. Przez całą powieść stara się zachować równowagę między życiem prywatnym a publicznym. Dużo mówi, dlatego wiele osób uważa ją za próżną, ale w ten sposób ukrywa swoje najgłębsze uczucia. Ciągle myśli o swojej przeszłości i życiu, które prowadziłaby, gdyby dokonała innych wyborów. Wyszła za Ryszarda, ponieważ oferował jej komfort i bezpieczeństwo finansowe, zamiast popaść w namiętny związek z Piotrem Walshem lub Sally Seton.

RYSZARD DALLOWAY

Członek rządu, Ryszard Dalloway jest żonaty z Klarysą. Jest dobrym i spokojnym człowiekiem, ale nie wie, jak współdziałać z żoną.

ELŻBIETA DALLOWAY

Córka Klarysy i Ryszarda, Elżbieta jest ładną, cichą i posłuszną młodą kobietą. W przeciwieństwie do matki, nie interesują ją przyjęcia i towarzyskie przyjemności; woli wieś i swoje psy. Dużo czasu spędza na modlitwie z panną Kilman, którą bardzo lubi.

SEPTIMUS WARREN SMITH

Septimus, weteran I wojny światowej, żonaty z Lukrecją, cierpi na zaburzenia pourazowe. Cierpi na halucynacje i ma poczucie winy, bo nie jest w stanie nic czuć. Przed wojną był poetą, idealistą i pełnym nadziei. Jest dość podobny do Klarysy i ma trudności w kontaktach z otaczającymi go ludźmi. Mimo że jego ciało nadal znajduje się w świecie fizycznym, Septimus żyje w świecie wewnętrznym. Nienawidzi społeczeństwa, w którym żyje i postanawia popełnić samobójstwo, zamiast stać się jego częścią. Ten tragiczny gest pozwala Klarysie zaakceptować życie, które sama wybrała.

LUKRECJA WARREN SMITH

Zwana również Rezią, Lukrecja Warren Smith jest żoną Septimusa. Pochodzi z Włoch, robi kapelusze. Jest rozdarta między miłością, którą wciąż czuje do Septimusa, a ciężarem, jakim się stał. Ciągle się o niego martwi, czuje się bardzo samotna.

PIOTR WALSH

Przyjaciel Klarysy z dzieciństwa, Piotr mieszka w Indiach i spędza kilka dni w Londynie, aby załatwić sprawę rozwodową. Klarysa wiele lat wcześniej odrzuciła jego oświadczyny. Peter próbuje pogrzebać uczucia, które wciąż do niej żywi. Jest bardzo krytyczny wobec siebie i wobec innych. Niedojrzały i niezdecydowany, nie ma pewności siebie i źle się czuje we własnej skórze, co utrudnia mu relacje ze światem zewnętrznym.

SALLY SETON

Przyjaciółka Klarysy z dzieciństwa, Sally Seton była kiedyś zbuntowaną i prowokującą młodą dziewczyną. Kiedy była nastolatką, Klarysa poczuła do niej bardzo silny pociąg i razem chciały odbudować świat. W czasach, w których rozgrywa się historia, nazywa się Lady Rosseter i ma pięciu synów. Fizycznie pojawia się dopiero pod koniec powieści. Wcześniej pojawia się tylko we wspomnieniach Klarysy.

HUGH WHITBREAD

Stary przyjaciel Klarysy, jest żonaty z Evelyn Whitbread. Elegancki i uprzejmy człowiek, jest również pompatycznym i powierzchownym żarłokiem.

PANNA DORIS KILMAN

Nauczycielka historii Elżbiety, niedawno nawrócona na chrześcijaństwo, ma haniebną figurę i zawsze nosi stary mackintosh, ponieważ nie ubiera się tak, by podobać się innym. Jest biedna, zgorzkniała i nienawidzi Klarysy Dalloway oraz typu kobiety, który ona reprezentuje. Bardzo ceni sobie Elżbietę i jest do niej przyciągana.

DR HOLMES

Lekarz ogólny Septimusa, uważa, że ten ostatni tak naprawdę nie jest chory. Mówi mu, że jest tchórzem i radzi znaleźć sobie jakieś hobby.

SIR WILLIAM BRADSHAW

Rezia i Septimus idą na konsultacje do tego znanego psychiatry za radą doktora Homesa. Sir William Bradshaw lubi czuć się lepszy i leczy swoich pacjentów poprzez zastraszanie. Jego zdaniem szaleńcy cierpią po prostu z powodu braku miary i muszą być leczeni, aby dostosować się do społeczeństwa, w którym żyją.

LADY MILLICENT BRUTON

Członkini wyższych sfer i potomkini generała Sir Talbota Moore'a, Lady Millicent bardzo ceni Ryszarda, ale czuje pogardę dla Klarysy. Stara się promować imigrację angielskich rodzin do Kanady.

ANALIZA

SPOŁECZEŃSTWO BRYTYJSKIE

Już w XIX wieku, a szczególnie od XX wieku, można było zauważyć wielkie zmiany w społeczeństwie europejskim. Między innymi w wyniku procesu industrializacji wyłoniła się nowa klasa społeczna – burżuazja, która zagroziła arystokracji.

W *"Pani Dalloway"* Virginia Woolf przedstawia społeczeństwo brytyjskie w pełnej ewolucji po I wojnie światowej. W tym czasie zmiany polityczne i społeczne stały się bardziej namacalne, a kolonie (zwłaszcza Indie) zaczęły sprzeciwiać się Imperium Brytyjskiemu.

- W XIX wieku Imperium Brytyjskie było największym imperium na świecie i posiadało liczne kolonie w Indiach i Afryce Południowej. Po wojnie weszło w okres upadku. Poczucie porażki imperium jest bardzo obecne w powieści i odzwierciedla osobiste porażki każdego z bohaterów: "Został wysłany z Oxfordu – prawda. Był socjalistą, w pewnym sensie nieudacznikiem – prawda."

- W tym okresie przejściowym wielu ludzi zaczęło wątpić w wartości brytyjskiego społeczeństwa i w instytucje, o które walczyli. Tak jest mianowicie w przypadku Septimusa Warrena Smitha, który staje się samobójcą przez wojnę, która go zniszczyła i sprawiła, że na zawsze znienawidził ludzką naturę: "Bo prawda jest taka (niech ją zignoruje), że istoty ludzkie nie mają ani dobroci, ani wiary, ani miłości poza tym, co służy zwiększeniu przyjemności chwili. Polują w sforach [...] dezerterują od poległych".

- Z drugiej strony wielu Brytyjczyków wciąż trzymało się idei potężnej Wielkiej Brytanii i próbowało trzymać się tradycyjnych instytucji. Byli to arystokraci, faworyzowani przez społeczeństwo, tacy jak sir Bradshaw, Hugh Whitbread, Lady Bruton, ale także Piotr Walsh.

> *"Wspaniałe osiągnięcie na swój sposób, w końcu Londyn; sezon; cywilizacja. Pochodząc tak jak on z szanowanej anglo-indyjskiej rodziny, która przez co najmniej trzy pokolenia zarządzała sprawami kontynentu [....] były chwile, kiedy cywilizacja, nawet tego rodzaju, wydawała mu się droga jak osobisty dobytek; chwile dumy z Anglii."*

> *"Chłopcy w mundurach, niosący broń, maszerują z oczami przed sobą, maszerują, ramiona sztywne, a na twarzach wyraz jak litery legendy wypisanej wokół podstawy posągu, wychwalającej obowiązek, wdzięczność, wierność, miłość do Anglii [...] ruch uliczny uszanował ich; furgonetki zatrzymały się".*

Partia Konserwatywna, będąca wówczas u władzy, również chyliła się ku upadkowi, a idee Partii Pracy zdobywały coraz więcej zwolenników. Te kwestie polityczne są bardzo obecne w powieści.

W końcu kobiety, które musiały zastąpić mężczyzn idących na front, zażądały równych praw. W *Pani Dalloway* Klarysa jest w oczach innych ludzi frywolną i mieszczańską gospodynią domową. Walczy jednak o szacunek i odnalezienie swojego miejsca jako jednostki w społeczeństwie: "Miała najdziwniejsze poczucie, że sama jest niewidzialna; niewidziana; nieznana [...] to jest pani Dalloway; już nawet nie Klarysa; to jest pani Ryszard Dalloway". Ponadto to właśnie postać Elżbiety obrazuje również zmiany w pozycji społecznej kobiet, ponieważ młoda kobieta myśli o swojej przyszłości i pracy, którą wybierze, podczas gdy jej matka nie potrafiła nawet zadać sobie tych pytań: "Lubiła ludzi, którzy byli chorzy. A każdy zawód jest otwarty dla młodych kobiet z twojego pokolenia, powiedziała panna Kilman. Może więc zostać lekarzem". Piotr zauważa również tę zmianę w wyglądzie fizycznym kobiet: "Każda kobieta, nawet najbardziej szanowana, ma róże kwitnące pod szkłem; usta cięte nożem; loki z indyjskiego atramentu; wszędzie był design, sztuka; niewątpliwie nastąpiła jakaś zmiana".

ŚMIERĆ

Temat śmierci jest w "Pani Dalloway" na pierwszym planie. Kilkakrotnie wspominają o niej Klarysa, Piotr i Septimus.

- Od początku powieści Klarysa myśli o śmierci i jej nieuchronności. Według niej śmierć jest czymś naturalnym:

  "Czy to miało wtedy znaczenie, pytała siebie, idąc w kierunku Bond Street, czy to miało znaczenie, że musi nieuchronnie ustać całkowicie; wszystko to musi się toczyć bez niej; czy miała do tego pretensje; czy też nie stało się pocieszające przekonanie, że śmierć zakończyła się absolutnie?".

Dalej cytuje wersy Szekspira (angielski dramaturg, 1564-1616): "Fear no more the heat o' the sun/ Nor the furious winter's rages" (Nie bój się już żaru słońca/ Ani wściekłych zimowych szaleństw). To streszczenie z Cymbeline'a celebruje śmierć, która powinna być postrzegana jako komfort po życiu.

- Jeśli chodzi o Piotra, to bardzo boi się on śmierci, ponieważ brakuje mu pewności siebie, nie do końca ufa sobie i ma poczucie, że nic nie osiągnął, że jego życie jest porażką:

> *"Myślał, ona była chora, a myśl wyrażała rozmarzenie i cierpienie. To było jej serce, pamiętał; i nagła głośność ostatniego uderzenia zabiła dla śmierci, zaskakującej w środku życia, gdy Klarysa padała gdzie stała, w jej salonie. Nie! Nie! zawołał. Ona nie umarła! Nie jestem stary, zawołał i pomaszerował w górę Whitehall, jakby tam stoczyła się do niego, energiczna, niekończąca się, jego przyszłość."*

- Jeśli chodzi o Septimusa, postanawia on zmierzyć się ze śmiercią. To właśnie jego samobójstwo pozwoli mu pogodzić się ze świadomością własnej śmiertelności. Od czasu powrotu z wojny Septimus czuje się pusty i nie wie, jak ma się zachować wobec swoich pobratymców. Jego ciało nadal znajduje się wśród śmiertelników, ale jego duch jest już gdzie indziej. Myśli też o wersach z *Cymbeline'a*: "Nie bój się więcej, mówi serce w ciele, nie bój się więcej. On się nie bał".

Przed popełnieniem samobójstwa Septimus wyznaje, że kocha życie, ale ponieważ nie może znieść obecności ludzi i ich natury, musi popełnić samobójstwo. To właśnie tacy ludzie jak doktor Holmes i sir Bradshaw popychają go nad krawędź: "To był ich pomysł na tragedię, nie jego czy Rezii (bo ona była z nim). Holmes i Bradshaw lubią takie rzeczy". (Usiadł na parapecie) Ale on czekałby do ostatniej chwili. Nie chciał umierać. Życie było dobre. Słońce gorące. Tylko istoty ludzkie –"

MONOLOG WEWNĘTRZNY

Virginia Woolf od początku swojej kariery pisarskiej uważała, że realistyczna powieść wiktoriańska (druga połowa XIX wieku), która miała linearną formę i bardzo konkretne fabuły, nie może przedstawiać rzeczywistości tego świata. Chciała opowiadać o ludziach, ich uczuciach, wyborach, charakterach, a nie tylko o ich pozycji w społeczeństwie i sposobie prowadzenia życia zgodnie ze społecznym dyktatem. Wyruszyła więc na poszukiwanie nowej formy pisarskiej, która mogłaby pokazać rzeczywistość powojennej Anglii. Według krytyków to właśnie w *Pani Dalloway* Virginia Woolf znalazła ten nowy głos.

Większość powieści napisana jest w swobodnym dyskursie pośrednim: styl ten brzmi bardzo naturalnie, ponieważ dyskurs bezpośredni (dialog) nie jest wprowadzany za pomocą myślników i dlatego nie jest odróżniany od dyskursu pośredniego. Głos narratora i głos bohatera przeplatają się, a ich perspektywy są mieszane, co nadaje tekstowi większą płynność. Pozwala to na odrzucenie barier pomiędzy tym, co mówią bohaterowie, a ich osobistymi, wewnętrznymi przemyśleniami. W ten sposób Virginia Woolf umożliwia czytelnikowi bliższe poznanie bohaterów.

Ta technika literacka nazywana jest "strumieniem świadomości" lub "monologiem wewnętrznym". Narrator relacjonuje myśli bohaterów i niekiedy miesza je z narracją i dialogiem, tworząc całość, którą czasem trudno zrozumieć. Interpunkcja i składnia są często nietypowe. Myśli wyrażane są czasem w nawiasach: "Ale on sam pozostał wysoko na swojej skale, jak utopiony żeglarz na skale. Przechyliłem się przez krawędź łodzi i spadłem w dół, pomyślał. Wszedłem pod morze. Byłem martwy, a teraz żyję, ale pozwól mi jeszcze odpocząć, błagał (znowu mówił do siebie – to było straszne, straszne!)"; "Żyli dalej (będzie musiała wrócić; pokoje były ciągle zatłoczone; ludzie ciągle przychodzili)".

DALSZA REFLEKSJA

KILKA PYTAŃ DO PRZEMYŚLENIA...

- Pisząc *Panią Dalloway*, Virginia Woolf czytała powieści Marcela Prousta (pisarz francuski, 1871-1922) i Jamesa Joyce'a (pisarz irlandzki, 1882-1941). Czy istnieją jakieś podobieństwa między technikami pisania tych autorów?

- Znajdź różne miejsca i zabytki Londynu wymienione w powieści i spróbuj stworzyć mapę geograficzną okolicy, w której mieszka pani Dalloway.

- Pod koniec powieści Klarysa Dalloway wspomina, że "raz wrzuciła szylinga do Serpentine, nigdy więcej". Jaki związek mogą mieć te słowa z biografią Virginii Woolf?

- Pierwotny tytuł *Pani Dalloway* brzmiał *The Hours*. Mimo zmiany tytułu, jak w powieści wyrażone jest znaczenie pojęcia czasu, które było drogie autorce?

- Wielu krytyków twierdzi, że w powieściach Virginii Woolf nigdy nic się nie dzieje. Jakie jest Twoje zdanie?

- Jakie relacje łączą Elżbietę Dalloway i Doris Kilman? Jaka jest reakcja Ryszarda i Klarysy na tę sytuację?

- Jaką rolę odegrała Sally Seton podczas dorastania Klarysy? Jak wyjaśnić postawę Klarysy, gdy po raz pierwszy od lat widzi ponownie Sally?

- "Czuła się jakoś bardzo podobna do niego – tego młodego człowieka, który się zabił. Czuła się zadowolona, że to zrobił; wyrzucił go […] sprawił, że poczuła piękno; sprawił, że poczuła radość." Podobnie jak Septimus, Klarysa często myśli o śmierci i kondycji ludzkiej. Jednak na końcu powieści pozostaje w pełni żywa. Co odróżnia ją od Septimusa? Dlaczego wybiera życie?

- Choroba psychiczna Virginii Woolf znajduje odzwierciedlenie w postaci Septimusa, a w sposobie opisywania doktora Holmesa i sir Williama Bradshawa zauważa się krytykę ówczesnych lekarzy i sposobu podejścia do chorób psychicznych. Skomentuj.

- Jak obecność premiera na przyjęciu Klarysy odzwierciedla upadek brytyjskiego rządu konserwatywnego?

DALSZE CZYTANIE

WYDANIE REFERENCYJNE

Woolf, V. (2014) *Mrs Dalloway*. Sydney: Waxkeep Publishing. (Kindle Edition).

BADANIA REFERENCYJNE

Raphael L. S. (2001) *Ordinary and Extraordinary in Mrs. Dalloway. Narrative Skepticism: Moral Agency and Representation of Consciousness in Fiction*. London: Associated University Presses. s. 126-167.

SparkNotes Editors (2004) SparkNotes on *Mrs Dalloway*. *SparkNotes* LLC. [Online]. Dostępny w: <http://www.sparkno-tes.com/lit/dalloway>.

ADAPTACJE

Cunningham, M. (1998) *The Hours*. New York: Farrar, Straus and Giroux.

Pani Dalloway. (1997) [Film]. Marleen Gorris. Reż. UK: First Look International.

The Hours. (2002) [Film]. Stephen Daldry. Reż. USA: Paramount Pictures.

Chcemy usłyszeć od Ciebie, co się dzieje!
Zostaw komentarz na temat swojej internetowej biblioteki
i podziel się swoimi ulubionymi książkami w mediach społecznościowych!

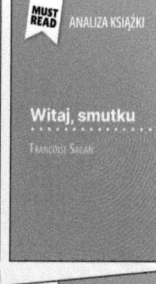

www.50minutes.com

Master ISBN: 9782808695015
Papierowy ISBN: 9782808616416
Depozyt prawny: D/2023/12603/1921

Verhaal: © Primento

Projekt cyfrowy: Primento, cyfrowy partner wydawców.